GILBERT DELAHAYE

CW01649211

martine

la nuit de noël

casterman

L'hiver, le soleil se lève tard, se couche tôt. Le vent du nord glace les bois et les prés. La musique de l'eau s'arrête.
La vie n'est pas facile pour les oiseaux et les bêtes des champs.
Plus d'hirondelles. Plus de fleurs. Plus de papillons.
Pourtant, l'hiver n'est pas toujours triste. Sous la neige, les toits, les arbres, la campagne, tout est blanc.

Noël approche. Papa, Martine et Jean sont en vacances.
– Nous allons essayer la luge sur la pente de la colline.
– Comment va-t-on s'arrêter ? demande Patapouf.
– Attention, les enfants !... Tenez-vous bien !

Le soir, la famille se réunit auprès de l'âtre.
– Quand j'étais enfant, dit papa, l'hiver commençait tôt. Le gel prenait vite. Il suffisait de quelques jours. La neige tombait en abondance.
Papa est allé chercher un album de photos.
– Là c'est moi, à côté du bonhomme de neige.
– Et là, qui est-ce ?
– C'est maman. Elle patine sur l'étang. c'était une excellente patineuse… Elle avait à peu près votre âge à cette époque.
– Je me le rappelle, dit maman… Au fait, où sont passés mes patins à glace ?… Vous les trouverez peut-être au grenier…
– Au grenier ?… Allons voir.

Dans le grenier,
il fait sombre.
– Qu'est-ce qu'on entend ?
demande Patapouf.
– Ce n'est rien. C'est le vent qui gémit
dans la charpente.
– Il vaudrait mieux s'en aller.
– Si on retrouvait les patins de maman,
ce serait bien, non ?...
Cherchons encore.
– Ce vieux monsieur, qui est-ce ?
– Ce doit être le portrait de l'oncle Gilbert.
– Comme il a l'air sévère !
– Il avait peut-être
des soucis ?

Hélas ! les patins sont introuvables.
– C'est l'heure d'aller au lit, Martine.
Dehors, la nuit scintille. La lune se lève à l'horizon.
Dormir ? Dormir ? Facile à dire… Martine imagine papa et maman patinant sur la glace.
Ils sont encore tout jeunes.
Comme dans un rêve.
– Ah ! si j'avais des patins !
soupire Martine.

Le lendemain matin, Martine a décidé de s'adresser au Père Noël.
Lui téléphoner ? Où donc ? À quel numéro ?
Dans l'annuaire, il est indiqué : « LE PÈRE NOËL. Grand choix de jouets anciens et modernes. Téléphoner au 00 11 22 33. »
– Quel drôle de numéro ! Essayons quand même…
– Allô, allô ! Le Père Noël ?… M'entendez-vous ?

– Je suis le répondeur automatique. Le Père Noël est absent. Laissez-moi votre message.

– J'aimerais recevoir des patins à glace pour Noël, s'il vous plaît.

Tout à coup, on frappe à la porte.

C'est François. Il est hors d'haleine.

– Martine, Jean, au secours ! Venez vite !

– Que se passe-t-il ?…

– Patapouf est tombé à l'eau. Il va se noyer.
Martine et Jean suivent François jusqu'à l'étang.
– Je passais à bicyclette. J'ai vu le chien poursuivre une mouette sur la glace, explique François. J'ai crié : « Patapouf, reviens, reviens !... » Il n'a rien voulu entendre.
La glace était trop fragile. Elle a craqué. Patapouf est passé au travers.

Le pauvre ! Comment le tirer de cette mauvaise posture ?
Sautons dans la barque.
Il faut lui tendre une rame.
– Donnez-moi l'épuisette, dit Martine.

On ramène l'imprudent sur la terre ferme. Il ne bouge plus. Patapouf! Patapouf! Il ne reconnaît même plus la voix de sa maîtresse. C'est comme s'il n'entendait rien.
– Vous croyez qu'il est mort?
– Mais non… Il respire un peu.
– Il a dû avaler une fameuse tasse!
– Ne restez pas là comme ça!… supplie Martine. On devrait lui faire le bouche à bouche. Ou bien le suspendre la tête en bas.
– Il faudrait plutôt le frictionner.
Ça va le réchauffer, dit François.
Et maman n'est pas à la maison.
Papa non plus.
Courons chercher de l'aide…
Tout seuls, on n'y arrivera jamais…

En chemin, les enfants arrivent devant un château. Ils aperçoivent une tour, une galerie à l'étage et, au-dessus de la porte, une lanterne.
Un château ? Non. Plutôt une ferme.
Il y a une vitre fêlée à cette fenêtre.
Ce traîneau, à quoi peut-il servir ?

– Qui donc habite cette grande maison ?
– Frappe toujours. On verra bien.
– Y a-t-il quelqu'un ?
On dirait que non…
– S'il vous plaît, ouvrez-nous !… On ne peut pas attendre. Ce petit chien est très malade.

À vrai dire, la porte n'est pas tout à fait fermée.
Sur un avis, on peut lire : « En cas d'urgence, entrez sans frapper. »
Martine, Jean et François sont entrés sur la pointe des pieds.
Martine a déposé Patapouf sur le sol couvert de paille.
Avec une poignée de foin, elle frictionne le petit chien pour le ranimer au plus vite…

– Je me sens beaucoup mieux, dit Patapouf.
– C'est vrai qu'il a l'air de reprendre vigueur !
Tout de même, son imprudence aurait pu lui être fatale.
– La prochaine fois, tu réfléchiras. On ne se lance pas sur la glace de l'étang sans vérifier si elle est assez solide.

Voilà Patapouf remis sur pied.
Il va. Il vient.
Il court dans tous les coins.
– Regardez. J'ai trouvé une vache avec des branches sur la tête.
– Ce n'est pas une vache, gros bêta ! C'est un cerf, explique Martine.
– Non. C'est un renne, corrige François.

Un château qui est une ferme. Une porte qui s'ouvre toute seule. Un renne au pays des vaches. Tout cela n'est pas normal.

Allons voir ce qui se passe dans la salle voisine… Peut-être…

– Wouah !

Il y a des marionnettes (avec des chapeaux de paille, des casquettes, des gibus), une sorcière sur son balai, des poupées, encore des poupées, plein les rayons. Elles s’appellent Nicole, Françoise, Marie-Ange.

– Celle-ci, on dirait qu’elle respire.

– Mais non, dit Jean, tu te fais des idées.

– Qui peut bien habiter ce château fort ?
– Le marquis de Carabas ou la Belle au bois dormant ?
– Non, c'est un prince du Moyen-Âge et sa cour : des chevaliers, des trouvères, des bouffons et des hommes d'armes.
– Où vont-ils, ces cavaliers ?
– Ils vont à un tournoi, pardi !
– Ou bien à la chasse au dragon ?

– Une voile à bâbord !
– Ce doit être *l'Etoile-du-Sud* qui revient de l'Île au Trésor.
– Peut-être que ce voilier transporte des pierres précieuses, de l'or, de l'ivoire ?
– Tout le monde sur le pont ! Hissez le pavillon noir ! Ça va chauffer, les gars !
– Qu'est-ce que le pavillon noir ? demande Patapouf.
– C'est le drapeau des pirates.
– Non mais, dit Martine, vous rêvez ou quoi ? Ces maquettes appartiennent au propriétaire de la ferme.

– On se croirait chez un marchand de jouets. Ces paquets sont prêts à être expédiés. Ils portent même des étiquettes !
– Celui-ci est adressé à « Marianne, Ferme d'En-Haut, à Chassepierre ».
– Celui-là est « Pour François, à Varengeville, rue des Peupliers ».
– Regarde ! Il est écrit : « Pour Martine » ! et là : « Pour Jean » ! Ça, par exemple !
– Ce robot est « Pour Jean-Louis, le fils du garagiste ».
– Ce manteau, n'est-ce pas celui du Père Noël ?…

– Ces jouets lui appartiennent sûrement.
Nous avons commis une grosse bêtise ! dit Martine.
– Surtout, pas un mot de ceci à quiconque. C'est promis ?
– Oui, oui, nous le promettons sur la tête de Patapouf !
Et maintenant, silence ! Il est tard. Rentrons à la maison…

Quelques jours passent.
Martine tricote une écharpe arc-en-ciel.
Une écharpe pour qui ?
– Pour le Père Noël, bien sûr !

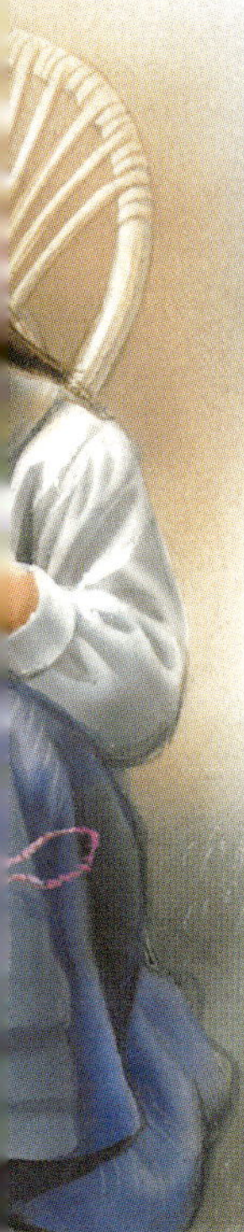

Il fait de son mieux pour satisfaire tous les enfants. Il aimerait sûrement recevoir un cadeau à son tour… Et toi, que lui as-tu préparé ?
– C'est un secret.

La nuit de Noël arrive.
– Rencontrer le Père Noël, ce serait chouette !
– Quand il entrera, on lui fera la fête.
– Le Père Noël viendra-t-il ?
– Pourvu qu'il n'ait pas oublié mes patins à glace !…

C’est long, la nuit, quand on attend de la visite. On écoute les bruits de la rue, le tic-tac de l’horloge. Les paupières sont lourdes. Les enfants s’endorment.

– Réveillez-vous ! Réveillez-vous !
J’ai vu passer le Père Noël !
– C’est vilain de mentir, Patapouf.
Mais Patapouf n’a pas menti.
Le Père Noël est entré dans la maison.
Il a déposé des cadeaux. Une lettre :
« Chers enfants. Aujourd’hui, c’est un beau jour. Voici pour chacun une paire de patins et des friandises. Gros bisous… »
Ah ! Si on avait pu embrasser le Père Noël !
L’hiver annoncé par Monsieur Météo arrive à pic.
Une saison vraiment exceptionnelle !

Il gèle dur, sec et profond.
Non. Patapouf ne mettra pas les pieds sur la glace.
Plus… jamais…
Martine essaie de patiner. Pas facile !
Sur la photo, maman glissait avec tant de grâce et de légèreté !
Sans doute, quand Martine aura pris quelques leçons d'équilibre, tout ira beaucoup mieux !
Au loin, on entend s'en aller le traîneau du Père Noël.

http/www.casterman.com
D'après les personnages créés par Gilbert Delahaye et Marcel Marlier © Léaucour Création.
Imprimé en Italie. Dépôt légal: octobre 1991 ; D. 1991/0053/185.
Déposé au ministère de la Justice, Paris (loi n° 49.956 du 16 Juillet 1949 sur les publications destinées à la jeunesse).
ISBN 2-203-10141-5 ISSN 0750-0580